JN445629

아는 만큼 오싹해지는

으스스 과학

with 홀릿

기획 홀릿 글 양아영 만화 두툰 감수 이봉우

SANDBOX STORY KIDS

차례

이 책의 특징 • 4

교과 연계표 • 6

등장인물 • 8

1장 생활

망고펭귄, 화장실에서 습격당하다! • 12

우엉이의 멘탈, 배터리와 함께 방전되다! • 18

데드 엔딩을 피하기 위한 OX 퀴즈 • 24

홀릿과 망고펭귄, 고속도로 유령을 마주치다?! • 26

뿡! 관짝 가스 대소동! • 32

숨은그림찾기 • 38

2장 동물

루돌프 코에 숨겨진 오싹한 비밀! • 42

식물 잎에 달린 방울방울 혹의 정체는? • 48

데드 엔딩을 피하기 위한 OX 퀴즈 • 54

새끼를 낳는 아빠 동물은 누구? • 56

무한 부활! 절대 죽지 않는 해파리가 있다?! • 62

순서 맞추기 카드 • 68

3장 기후 변화

얼음땡! 365일 얼어붙은 땅에서 깨어난 그것은? • 72

불타는 미래가 궁금해? 지옥 관광 GO! • 78

데드 엔딩을 피하기 위한 OX 퀴즈 • 84

곤충이 점령해 버린 특별한 호텔?! • 86

쿠아앙~ 북극에서 만난 천방지축 트러블 메이커! • 92

나만의 지구를 만드는 생각 놀이 • 98

4장 미스터리

걷는 돌덩이?! 모아이 석상의 미스터리! • 102

바다 위 삼각형, 버뮤다 삼각 지대의 진실! • 108

데드 엔딩을 피하기 위한 OX 퀴즈 • 114

텅 빈 배의 수수께끼, 메리 셀레스트호 • 116

체코 세드렉 성당의 특별한 비밀! • 122

정답 • 128

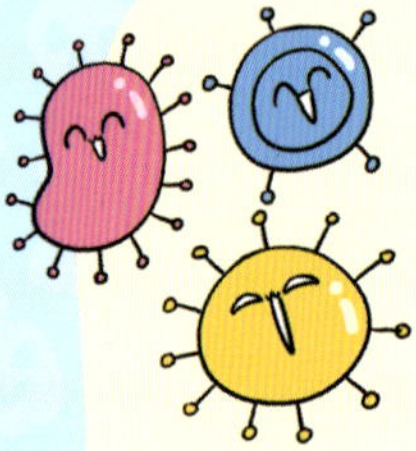

이 책의 특징

❶ 나만 알기 너무 오싹한 과학 상식!

생활, 동물, 기후 변화, 미스터리 총 4가지 주제로 나누어, 16가지 재미있는 상황을 만화로 소개했어요. 무섭지만 호기심을 자극하는 이야기와 만화를 통해 읽는 재미와 과학 지식을 동시에 채울 수 있답니다. 각 상황을 읽고 "왜 그럴까?" 질문하며 호기심과 탐구력을 키워 보세요. 오싹하지만 재미있는 이야기로 과학적 사고와 추리력까지 기를 수 있습니다.

❷ 눈이 번쩍 뜨이는 일곱 가지 과학 코너!

평소 지나치기 쉬운 일상 속 신기한 사실은 물론, 다양한 주제 속에 숨은 비밀까지 배워 봅니다. '빌런 X 파일'에서 과학 상식의 주인공들을 한눈에 정리하고, '공략 성공'과 '꿀팁'으로 배운 지식을 실생활에 바로 적용해 볼 수 있어요. 그 외에도 다양한 코너를 통해 숨은 과학 지식을 발견하고, 작은 부분도 놓치지 않는 관찰력도 키울 수 있답니다.

❸ 홀릿과 함께하는 다양한 독후 활동!

'OX 퀴즈'로 데드 엔딩을 피하고, '숨은그림찾기', '순서 맞추기 카드', '나만의 지구를 만드는 생각 놀이' 등 다양한 활동으로 과학 상식을 재미있게 배워요.

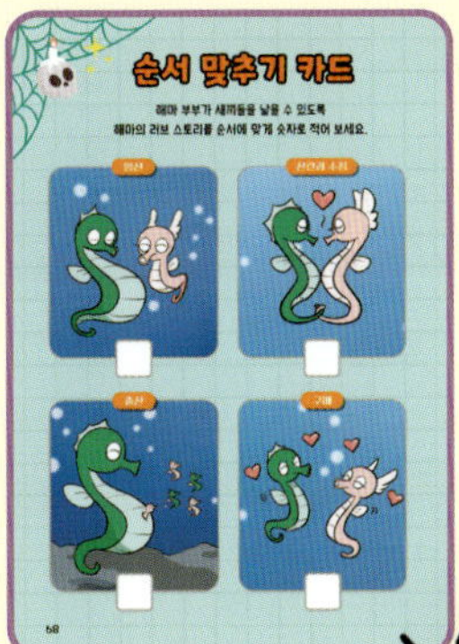

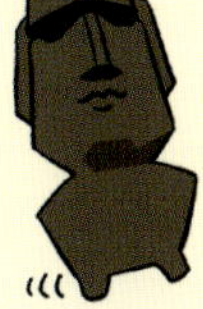

교과 연계표

과목	학년	주제
통합	1학년 1학기	탐험
	2학년 1학기	세계
	2학년 1학기	자연
	2학년 2학기	계절
과학	3학년 1학기	식물의 생활
	3학년 1학기	동물 생활
	3학년 1학기	생물의 한살이
	3학년 2학기	지구와 바다
	3학년 2학기	감염병과 건강한 생활
	4학년 1학기	물의 상태 변화
	4학년 1학기	땅의 변화
	4학년 1학기	다양한 생물과 우리 생활
	4학년 2학기	여러 가지 기체

과목	학년	주제
과학	4학년 2학기	기후 변화와 우리 생활
	4학년 2학기	생물과 환경
	5학년 1학기	우리 몸의 구조와 기능
	5학년 2학기	열과 우리 생활
	5학년 2학기	날씨와 우리 생활
	6학년 1학기	식물의 구조와 기능
사회	6학년 2학기	세계의 여러 나라들
실과	5학년	나의 성장
	5학년	동식물과 우리 생활
	5학년	생활 자원의 관리
	5학년	가정생활과 생활 안전

등장인물

홀릿

어떤 게임이든 잘하는
게임 공략 전문 유튜버.
작은 것도 놓치지 않고
모든 것을 들여다보는
탐구심 대장!

호기심	★★★★★
위기 대처 능력	★★★★★
깊은 물 공포 레벨	★★★★

우엉이

무슨 일이 생겨도 침착하게
대응하는 대담한 성격의 소유자.
하지만 벌레가 보이면 소리부터
지르는 반전 매력도!

호기심	★★★
위기 대처 능력	★★★★
벌레 공포 레벨	★★★★★

망고펭귄

심각한 상황에서도 재미를
먼저 찾는 초긍정 캐릭터.
하지만 어두운 복도는 절대
혼자 못 간다.

호기심	★★★★
위기 대처 능력	★★★
귀신 공포 레벨	★★★★★

1장

생활

홀릿과 친구들이 오싹한 순간 속으로 풍덩!
일상 속 과학 상식도 함께 찾아봐요!

망고펭귄,
화장실에서 습격당하다!

우엉이의 멘탈,
배터리와 함께 방전되다!

홀릿과 망고펭귄,
고속도로 유령을 마주치다?!

뿡!
관짝 가스 대소동!

망고펭귄,
화장실에서 습격당하다!

음~ 색깔, 모양
모두 그레이트한
작품이야.
묵직
안타깝지만
물을 내려
줘야겠지….
딸깍
쏴아아아…
질퍽!
?
두웅―
화악!
에구머니나!
저게 뭐람!
YOU DIED
쿵…

Why? 화장실에 간 망고펭귄, 갑자기 데드 엔딩을 맞이한 이유는?

❶ 화장실 청소를 한 달 동안 안 했다.

❷ 볼일을 보고 손을 씻지 않았다.

❸ 볼일을 보기 전에 먼저 변기의 물을 내려야 했다.

❹ 볼일을 보고 변기 뚜껑을 연 채로 물을 내렸다.

정답 ❹ 볼일을 보고 변기 뚜껑을 연 채로 물을 내렸다.

변기 뚜껑을 연 채로 물을 내리면 무슨 일이 벌어지는 거야?

변기 물을 내리면, **물이 빠르게 회전하거나 변기 벽면에 부딪치면서 물이 작게 쪼개져 '에어로졸'이라는 미세 물방울이 생겨.** 에어로졸은 분수처럼 '촤악~!' 하고 위로 솟구치는데, 그 높이가 무려 1.5m나 된대!

이 에어로졸 안에 세균이나 바이러스가 섞여 있기도 해. 예를 들어 노로바이러스에 감염된 사람이 변기를 사용했다면, 그 사람의 대변 속 병원균이 변기 벽면이나 물속에 남아 있다가 다음에 물을 내릴 때 같이 튀어 오르는 거지.

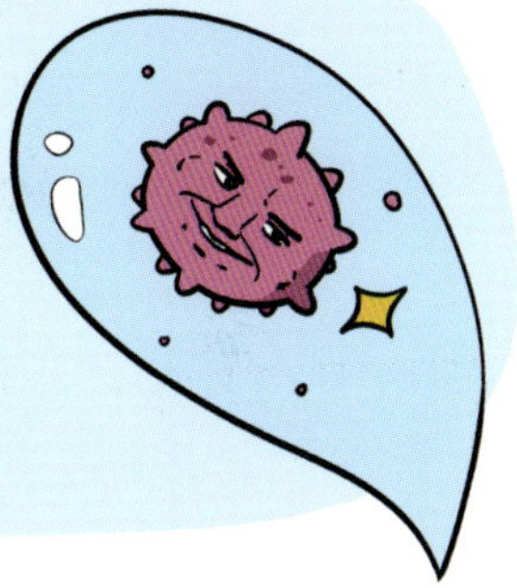

게다가 이 에어로졸은 금방 바닥으로 떨어지지도 않아. 공기 중에 오래 떠 있다가 사람의 입이나 코로 흡입될 수도 있고 칫솔, 수건, 컵 같은 데에 슬쩍 내려앉기도 해!

빌런 X 파일

사람의 대변을 통해 퍼지는
바이러스와 세균!

노로바이러스
구역질이 나고
물처럼 심한 설사가
막 쏟아진다.

대장균
일부 나쁜 대장균으로
인해 배가 심하게
아프고 피가 섞인
설사를 한다.

로타 바이러스
심한 설사와
탈수를 겪는다.

살모넬라균
배가 아프고
열이 나고,
설사를 한다.

A형 간염 바이러스
열이 나고
몸이 피곤해지고
눈까지 노래진다.

공략 썽공

무시무시한 바이러스와 세균으로부터
화장실을 지키는 법!

❶ 변기 뚜껑 닫고 물 내리기

❷ 칫솔은 커버 씌우기

❸ 수건은 변기에서 멀리 두기

❹ 화장실 깨끗이 청소하기

우엉이의 멘탈, 배터리와 함께 방전되다!

겨울 별장에 놀러 오게 되면,
한 번쯤 이런 영상을 찍고 싶었어요.
꼴꼴꼴
망고 라면
♪
두근두근
망고 라면
이렇게 10분 정도 들고 있다가….
스 윽…
망고
쿵…
망고
와! 진짜 얼었어요! 여러분들 보이세요?!
망고
삐빗….
망고
바삭
쿵…
0%
쿠
…어?

Why? 밤새 충전한 휴대폰을 들고 신나게 촬영에 나선 우엉이, 갑자기 휴대폰 배터리가 꺼진 이유는?

❶ 휴대폰을 추운 곳에 두었다.

❷ 휴대폰에 배터리를 먹는 귀신이 있다.

❸ 처음부터 휴대폰은 충전되지 않았다.

❹ 망고펭귄이 몰래 휴대폰을 떨어뜨렸다.

정답 ❶ 휴대폰을 추운 곳에 두었다.

내 휴대폰에 무슨 일이 벌어진 거야?

추운 날씨에 너만 따뜻하게 옷을 입고, 정작 휴대폰은 밖에 그대로 두었지. 그게 바로 범인이야. **휴대폰 배터리는 리튬 이온으로 만들어져 있는데 추위에 약해서 영하 5℃ 아래에서는 전기가 잘 흐르지 않아.** 그래서 배터리가 금방 닳은 것처럼 보여.

배터리가 뜨거워지는 것도 위험해. 충전 중에 게임을 하거나, 햇볕 아래 오래 두거나, 세게 떨어뜨려 충격을 받으면 휴대폰 배터리의 온도가 올라가. 온도가 높아지면 일부 기능이 멈춰. 특히 **리튬 배터리 속에는 불이 잘 붙는 물질이 있어서 온도가 일정 수준 넘어서면 열을 계속 만들며 멈추지 않는 '열 폭주' 현상이 일어나는데 이 때문에 배터리에서 불이 나지.** 그래서 온도 조절 기능이 없는 보조 배터리는 비행기 기내에 들고 타야 한다는 말씀!

결국 배터리를 괴롭게 하는 범인은 **온도**였어. 추위와 더위로부터 배터리를 보호해야겠다!

빌런 X 파일

배터리 속 리튬 이온의 움직임을 깨워라!

따뜻한 온도일 때

적당한 온도(상온)에서는 리튬 이온(Li^+)이 전해액을 빠르게 이동할 수 있다.

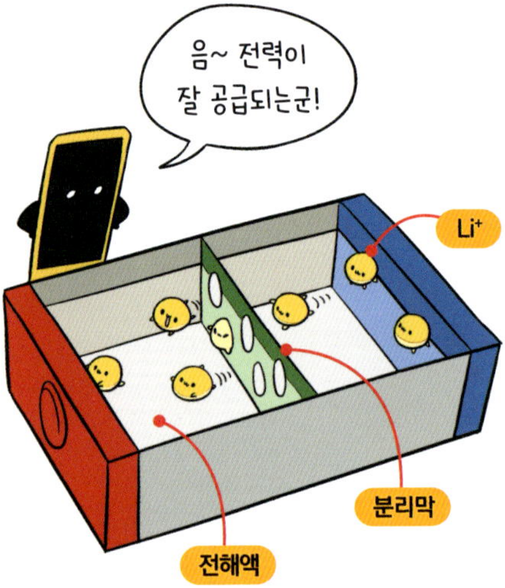

차가운 온도일 때

온도가 낮으면 전해액이 슬라임처럼 끈적한 상태로 변하면서 리튬 이온(Li^+)의 움직임이 둔해진다.

휴대폰 배터리는 '리튬 이온 배터리'로 여러 번 충전해서 쓸 수 있어. 배터리 안에 있는 리튬 이온(Li^+)이 분리막을 지나 양극(+)에서 음극(-)으로 이동할 땐 충전, 음극(-)에서 양극(+)으로 이동할 땐 방전이 일어나.

공략 썸공

갑작스러운 배터리 방전으로부터
휴대폰을 지키는 법!

❶ 추운 날 휴대폰을 따뜻하게 보관한다.

❷ 충전하면서 게임을 하거나 영상을 보지 않는다.

❸ 쓰지 않는 앱은 꺼 둔다.

❹ 화면 밝기를 낮춘다.

데드 엔딩을 피하기 위한

OX 퀴즈

내용이 맞다면 O, 틀리다면 X를 골라 주세요.
문제를 맞혀야 데드 엔딩을 피할 수 있어요!

1

에어로졸은
화장실 천장에만 붙어 있다?

O X

2

수건은 변기와 가까이 두면 좋다?

O X

3

온도가 낮으면 배터리 속
리튬 이온의 움직임이 빨라진다?

O X

4

리튬 이온이 양극에서
음극으로 이동할 때 '충전'이 된다?

O X

5

화면 밝기를 낮추면
갑작스러운 배터리 방전을 피할 수 있다?

O X

정답은 128쪽에!

훌릭과 망고펭귄,
고속도로 유령을 마주치다?!

잠시 뒤
뽕 뽕
쿨
30분 뒤
뽕뽕
뽕뽕
ZZZ
1시간 뒤
뽕뾰롱
뽕뽕뽕
…응?
우리 택시 탄 지
얼마나 됐지?
너무 잘 잔 거
같은데….
응?
10판 좀 했으니까
1시간 정도 됐나…?
뭐? 말도 안 돼!
평소엔 20분밖에
안 걸리는 거리야!
택시 기사님!
어떻게 된 거예요?!
유… 유…
TAXI
유령 정체야!!
…네?
유령이요?
쿵…

Why? 홀릿과 망고펭귄 앞에 펼쳐진 움직이지 않는 도로의 원인은?

① 유령이 도로를 막았다.

② 택시 기사가 낮은 속도로 천천히 운전했다.

③ 도로 위의 차가 유령처럼 차선을 왔다 갔다 했다.

④ 도로 위의 차들이 안전거리를 지켜서 운전했다.

정답 ❸ 도로 위의 차가 유령처럼 차선을 왔다 갔다 했다.

도로 위에
진짜 유령이 나타난 거야?

그럴 리가! **'유령 정체'는 교통사고나 공사 등 뚜렷한 이유 없이도 차가 막히는 현상**을 말해. 진짜 유령이 나타나서가 아니라 도로 위 운전자들의 '반응' 때문에 생기는 현상이야.

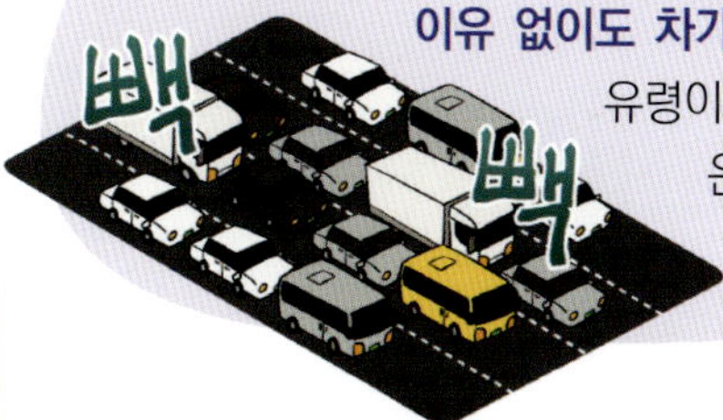

고속도로에 차가 많이 몰리면, 차량 사이의 간격은 좁아져. 이때 앞차가 갑자기 속도를 줄이거나 차선을 바꾸면, 뒤따르던 차는 앞차와의 안전거리를 유지하려고 브레이크를 밟거나 속도를 줄일 수밖에 없어. 이러한 반응이 연쇄적으로 뒤차들에게 영향을 주어 모든 차가 속도를 줄이게 돼. 운전자가 브레이크를 밟는 데 약 1초 정도가 필요한데, 이 짧은 1초들이 계속 모여 도로 위에 차들이 결국 멈춰 서게 되는 거야.

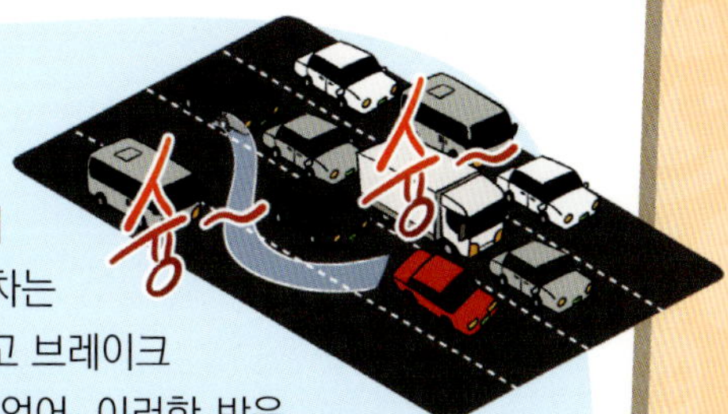

더 빨리 가려고 하는 행동이 다른 차들을 못 가게 만든 범인이었네!

빌런 X 파일

고속도로 유령 정체의 진짜 빌런들!

유령 정체를 만나지 않기 위해

부모님께 알려 드릴 운전 습관!

❶ 앞차와 안전거리를 유지한다.

❷ 속도를 자주 바꾸지 말고 일정한 속도로 주행한다.

❸ 무리하게 차선을 변경하지 않는다.

❹ 충분히 쉬고, 졸음운전을 하지 않는다.

뿡! 관짝 가스 대소동!

스멀스멀
푸
?!
악
철수와 영희를 덮친
가스의 정체는
무엇이었을까요?
댓글로 정답을
맞혀 보세요!
빰!
과학
퀴즈!
힌트가
너무 적은데?
오독
오독
분명 과학적인
이유가 있을 거야.
몬스터가
독가스를
뿜었나?
몬스터는
과학적으로
존재하지 않아.
푸
악
죽은 사람이
방귀를 뀌었을지도!
뭐?
그럴 리가!
뿌
앙

Why? 관 속에서 흘러나온 정체불명 가스의 원인은?

❶ 누군가 장난을 쳤다.

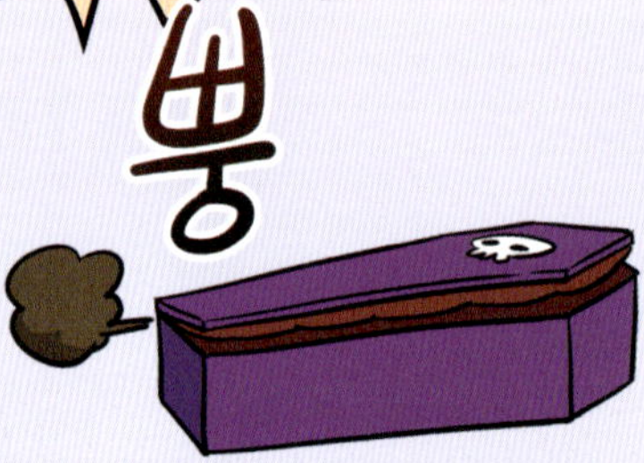

❷ 죽은 사람이 관 속에서 방귀를 뀌었다.

❸ 땅속의 가스가 밖으로 빠져나왔다.

❹ 관 근처를 떠돌던 몬스터가 낸 소리다.

정답 ❷ 죽은 사람이 관 속에서 방귀를 뀌었다.

죽은 사람이 어떻게 방귀를 뀔 수 있어?

사람은 죽은 뒤에도 방귀가 나올 수 있어. **몸속 장기에서 여전히 세균이 활동하면서 분해가 일어나고 이 과정에서 가스가 생기거든.** 이 가스가 몸 안에서 움직이거나 빠져나갈 때 '뿡'하는 소리를 내는데, 우리가 아는 방귀 소리와 비슷하게 들린대. 무서운 이야기처럼 들릴 수 있지만, **사람의 몸이 자연스럽게 부패하는 과정** 중 하나야.

죽은 사람에게서 방귀 소리 외에 다른 소리가 나기도 해. 몸속에 남아 있던 가스들이 항문으로 나오면 방귀 소리가 나지만, 위와 장에 차 있던 가스가 목이나 입 쪽으로 밀려 올라오면 '끄르륵'하는 트림과 비슷한 소리가 나거든. 또, 몸속 어딘가에 있던 공기가 목구멍으로 밀려 나오면서 '으으'하는 신음이 날 수도 있지. 실제로 들으면 무섭겠지만, 남은 가스가 몸에서 빠져나가는 현상일 뿐이야.

망고펭귄 덕분에 정답을 찾았네!

빌런 X파일

쉿! 몸속에서 벌어지는 방귀 제조 비밀 작전

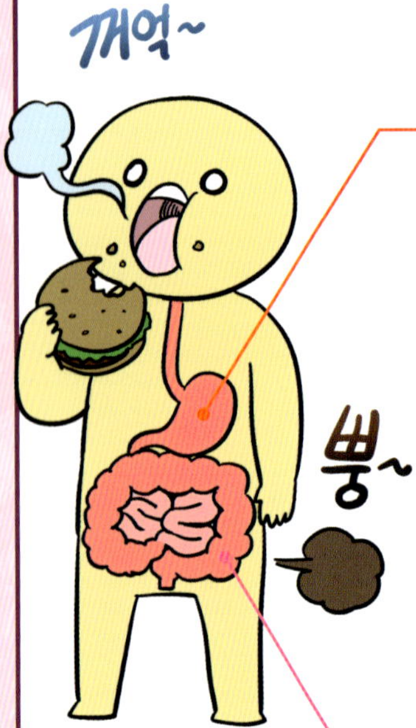

위 방귀의 재료, 공기가 들어오다!

음식을 먹을 때 음식물과 함께 공기도 우리 몸속으로 들어간다. 이 중 일부는 트림으로 나오고 일부는 음식물과 함께 장으로 내려가 방귀가 되는 길을 걷는다.

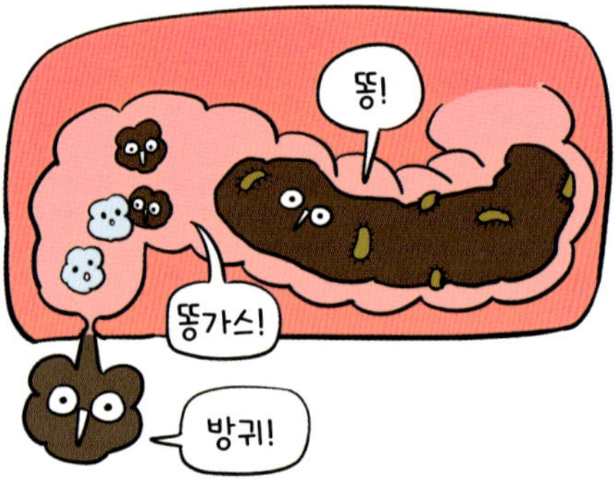

대장 진정한 방귀로 거듭나다!

위에서 내려온 공기는 소장과 대장을 거치며 새로운 기체들과 합류한다. 특히 대장에서는 세균들이 음식물을 분해하면서 기체가 생성되는데, 냄새를 풍기는 기체도 만들어지며 진정한(?) 방귀가 된다.

공략 썽공

방귀와 냄새를 줄이는
올바른 식습관

❶ 음식은 천천히 꼭꼭 씹어 먹고 대화는 줄이기

❷ 소화가 잘 되는 음식 먹기

❸ 음식을 먹고 바로 눕지 않기

❹ 고기와 달걀은 적당히! 채소도 골고루 먹기

숨은그림찾기

변기에서 나온 바이러스와 세균을 잡아라!

정답은 128쪽에!

볼일을 보고 변기 뚜껑을 연 채로 물을 내렸더니,
화장실 여기저기에 바이러스와 세균이 퍼지고 말았어요.
왼쪽에 있는 다섯 가지 바이러스와 세균을 찾아보세요.
다음부터는 꼭 변기 뚜껑을 닫고 물을 내리기!

2장

동물

망고펭귄의 이상한 친구들을 만나러 간 홀릿 일행!
동물 세계 속에 담긴 과학 상식도 함께 찾아봐요!

루돌프 코에 숨겨진 오싹한 비밀!

식물 잎에 달린
방울방울 혹의 정체는?

새끼를 낳는
아빠 동물은 누구?

무한 부활!
절대 죽지 않는
해파리가 있다?!

루돌프 코에 숨겨진 오싹한 비밀!

가만…. 그럼 루돌프가 있어야 하지 않아?
아, 마침 근처에 내 친구 루돌프가 있어!
오!
두근 두근
우오오오! 나 옛날부터 루돌프를 한 번쯤은 보고 싶었어!
잠시 후
루돌프네
똑똑
네, 누구세요~
끼익
꺄아아아! 루돌프다, 루돌프!
정말 코가 빨갛게 빛나잖아!
엇?!
너무 귀엽….
응?
!!
쿵
꺄아아악! 저게 뭐야?!
왜… 왜 그래?

Why?

루돌프를 만나러 간 우엉이, 루돌프의 빨간 코를 보고는 화들짝 놀랐다. 루돌프의 코가 빨간 이유는?

❶ 루돌프 코가 빨간 것은 썰매 길을 밝게 비춰 주기 위해서다.

❷ 루돌프가 코에 있는 여드름을 짜서 빨갛게 부어올랐다.

❸ 루돌프가 몸에 안 좋은 음식을 많이 먹어서 코가 빨개졌다.

❹ 루돌프 콧속에 파리가 유충을 놓고 가 염증이 생겨 빨간 것이다.

정답 ④ 루돌프 콧속에 파리가 유충을 놓고 가 염증이 생겨 빨간 것이다.

루돌프 콧속에 유충이 있다고?

동화책 속 루돌프를 사슴이라 부르지만, 사실 루돌프는 순록으로 보는 게 맞아. 추운 지역에서 사는 순록은 동그란 코와 튼튼한 다리를 가졌는데, 순록 중에도 유독 코가 밝은 친구들이 있어. 호기심 많은 과학자들이 **순록의 콧속을 자세히 들여다보다 유충이 있는 걸 발견했대. 비강구더기파리가 순록의 콧속에 유충을 놔두고 가는 바람에 순록의 코가 염증이 나서 빨갛게 변했다는 거야.**

하지만 순록의 코가 붉게 보이는 이유는 **'체온 유지를 위한 모세 혈관' 때문이라는 게 과학계 정설이야.** 추운 지역에 사는 순록은 코가 얼어붙지 않게 코끝까지 피를 보낸대. 실제로 순록 코에는 사람보다 많은 혈관이 있어서 따뜻한 피가 많이 돌게 되지. 그래서 코가 붉고 반짝반짝 빛이 나는 것처럼 보일 수도 있지.

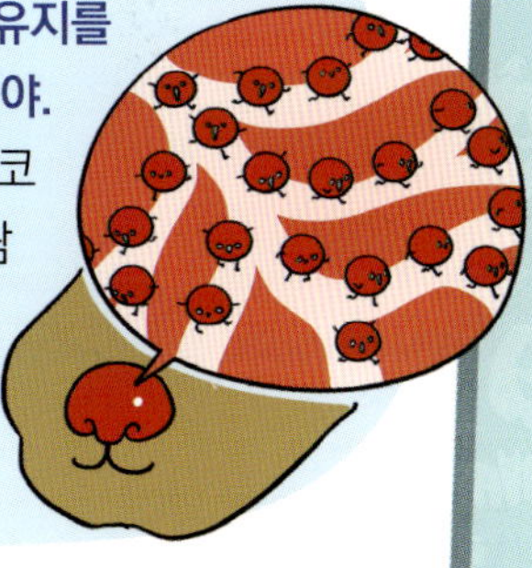

산타 할아버지가 내 붉은 코를 보고 '썰매를 끌기 위한 특별한 능력'이라고 했는데… 하얀 거짓말이었다니!

꿀도감

기생충 때문에 외모가 바뀌는 동물을 소개할게!

열매 품은 개미

내 몸에 들어온 기생충이
내 배를 부풀리며 붉은
열매처럼 보이게 해.

무지갯빛 눈이 달린 달팽이

기생충이 내 눈자루에 들어가
알록달록한 줄무늬를 만들고
애벌레처럼 보이게 해.

혀가 움직이는 물고기

기생충이 혀에 달라붙어
내 피를 빨아먹고 혀를 작아지게
하더니 혀처럼 행동하더라니까?!

경비병이 된 무당벌레

내 몸속에 알을 낳고 자란
기생충이 내 배 밑에서
번데기를 만들어 버렸어.

꿀퀘스트

루돌프 콧속에 있는
유충을 잡아라!

루돌프 콧속에 유충이 득실득실! 루돌프가
얼른 썰매를 끌 수 있도록 유충을 찾아내야 해!
루돌프 콧속에 있는 유충은 몇 마리일까?

정답은?

☐ 마리

정답은 129쪽에!

식물 잎에 달린
방울방울
혹의 정체는?
샤방~
샤방~
내 식물 친구야!
예쁘다!
오, 열매도 맺고
잘 관리했네!
응? 그럴 리가?
열매가 맺힐
시기는 아닌데?
여기 동그란 거
있잖아?
열매 아니야?
톡
얘들아!
내 혹 좀 떼 줘!
으악!
왁

뭐, 뭐야?!
정말 열매가 아니었어?
그, 그게 어떻게 된 거냐면….
쾅
으아악!
고오오
고오오
누, 누구냐!
너, 내 친구한테 무슨 짓을 한 거야?!
…너무 깊이 알려고 하지 마라.
모든 것은 내 손 아래 있으니까.
팟
?!

Why?

무시무시한 곤충과 마주하게 된 홀릿일행, 식물 잎에 달린 혹이 수상하다. 어쩌다 혹이 생긴 걸까?

❶ 돌연변이로 생긴 혹이다.

❷ 곤충으로부터 자극받은 식물이 스스로 만든 혹이다.

❸ 식물이 병에 걸려 혹이 생겼다.

❹ 식물이 곤충을 유인하기 위해 만든 것이다.

정답 ❷ 곤충으로부터 자극받은 식물이 스스로 만든 혹이다.

식물이 왜 스스로 혹을 만드는데?

식물 잎이나 줄기를 자세히 들여다보면 **동그란 혹이 있거나, 잎 가장자리가 둘둘 말린 것**들이 있어. 이를 **'벌레혹'**이라고 해. '혹파리'라는 작은 곤충은 잎에 알을 낳는데, 식물에 혹파리의 알이나 애벌레가 닿으면 **식물은 자극을 받아 벌레혹을 만들어**. 마치 식물이 곤충에게 조종당한 것처럼 말이지. 혹파리 애벌레는 식물이 만들어 낸 벌레혹 안에서 외부 환경과 적으로부터 보호받으며 자란대.

벌레혹은 혹파리의 종에 따라 모양도 천차만별이야. 식물에 벌레혹이 많이 생기면 식물은 제대로 성장하지 못하거나, 쉽게 병에 걸릴 수도 있어. 하지만 벌레혹은 곤충과 식물이 수천 년 동안 함께 진화하며 만들어 낸 신기한 자연의 한 장면이야!

별 모양, 달 모양인 벌레혹은 없나?

꿀도감

곤충 때문에 생김새가 바뀌는
식물을 소개할게!

황소뿔아카시아

가지에 속이 빈 가시를 만들어
개미가 살 집을 제공해.

참나무

나방 집을 만들어 주려고
잎을 돌돌 말아.

고추

곤충 때문에 얼룩덜룩
무늬가 잔뜩 생겼잖아!

귤나무

내 몸에 붙은 이 흰 솜털들은
벌레 때문에 생긴 거지,
곰팡이가 아니야!

식물을 괴롭히는 곤충도 있지만,
곤충과 식물은 사실 서로에게 꼭 필요한 존재야.
내게 우엉이와 망고펭귄이 필요한 것처럼!

꿀퀘스트

다음 4컷 만화를 순서대로 나열하라!

벌레혹이 생기는 사건 현장을 순서에 알맞게 되짚어 볼까?

❶ 혹파리 유충이 성장한다.

❷ 혹파리가 식물의 줄기나 잎에 알을 낳는다.

❸ 벌레혹이 생긴다.

❹ 식물이 반응한다.

정답은?

☐-☐-☐-☐

정답은 129쪽에!

데드 엔딩을 피하기 위한

OX 퀴즈

내용이 맞다면 O, 틀리다면 X를 골라 주세요.
문제를 맞혀야 데드 엔딩을 피할 수 있어요!

1

루돌프는 추운 지역에 사는 순록이다?

O　X

2

루돌프의 코가 빨간 건 과식 때문이다?

O　X

3 식물이 만든 벌레혹 안에서 애벌레는 무사히 자란다?

O X

4 식물은 자극을 받으면 스스로 빛을 낸다?

O X

5 식물에 벌레혹이 생기면 식물이 더 잘 자란다?

O X

정답은 130쪽에!

새끼를 낳는 아빠 동물은 누구?

응??????
????????
여보, 허리에 무리가 가니까 너무 오래 서 있지 마요.
그래야 겠어요.
음… 뭔가 많이 이상한데….
아빠 쪽이 아이를 낳는 건가?
상식
흔들
흔들
설마~ 내가 잘못 들었겠지.
자, 그럼 시작합시다!
파앗
자, 남편분! 배에 힘을 주셔야 해요!
끄으응!
여보, 힘내요!
아기 해마들이 태어나고 있어!
뽕 뽕
뽕뽀로뽕
뭐가 어떻게 된 건지 전혀 모르겠어….
우르르
상
식

Why?

해마 부부를 보러 갔다가 아기 해마 폭탄(?)을 맞은 홀릿, 배가 불룩한 해마의 정체는?!

❶ 해마 부부는 서로 호칭을 바꿔 부르는 습성이 있다.

❷ 살이 쪄서 배가 나온 수컷 해마다.

❸ 새끼를 낳을 암컷 해마를 보호하려 몸집을 키운 수컷 해마다.

❹ 새끼를 품은 수컷 해마다.

정답 ④ 새끼를 품은 수컷 해마다.

수컷 해마가 새끼를 낳는다고?

해마는 아주 특별한 바닷속 동물인데, 다른 동물들과 다르게 **아빠 해마가 새끼를 낳아.** 엄마 해마는 알을 몸속에서 만들어서, 그 알을 아빠 해마 배에 있는 주머니에 넣어. 그러면 아빠 해마가 알을 그 주머니 안에서 돌보다 일정한 시간이 지나면 새끼를 낳는 거야.

아빠 해마의 주머니인 **'육아낭'**은 **외부 환경으로부터 알을 안전하게 보호하고 돌보는 특별한 곳**이야. 새끼들에게 필요한 영양소와 산소를 공급할 수 있거든. 우리가 엄마의 뱃속에서 자라는 것과 비슷해. 물론 아빠 해마만 새끼를 낳고 돌보는 건 아니야. 아빠 해마가 알을 품고 있는 동안, 엄마 해마는 아빠 해마를 돌보며 더 많은 알을 낳을 준비를 해.

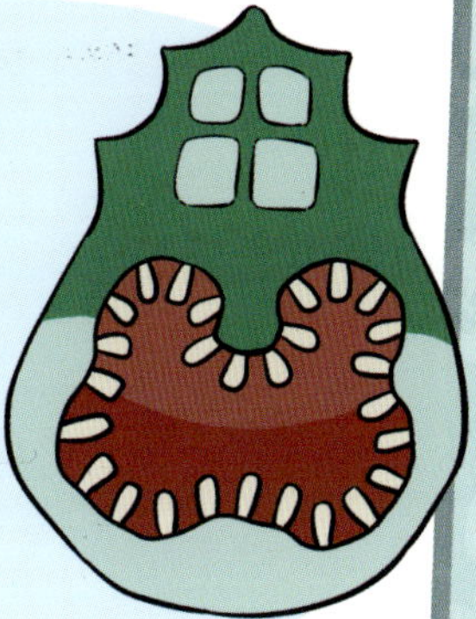

엄마 아빠의 사랑을 듬뿍 받고 태어난 해마 새끼는 50마리에서 많게는 무려 1천 마리나 돼. 완전 대가족이지!

꿀도감

자식을 엄청 사랑하는
아빠들을 소개할게!

황제펭귄

매서운 눈보라 속에서도
내 자식은 내가 지킨다!

가시고기

자식들을 위해서라면
이 한 몸 기꺼이 희생하지!

물자라

어화둥둥~ 소중하게
등에 지고 있어야지.

다윈코개구리

안전하게 태어날 때까지
꿀꺽 삼키고 있어야지.

꿀관찰

해마 새끼가 탄생하는 과정

해마의 러브 스토리

무한 부활!
절대 죽지 않는 해파리가 있다?!

아이고
이를 어째!
할…
할아버지!
두…
웅…
꾸물 꾸물
꾸물 꾸물
꾸물 꾸물
뽕!
젊음의 비법은…
바로
이것이다!
팟

Why?

죽지 않고 부활하는 해파리를 마주한 홀릿 일행, 해파리는 어떻게 죽지 않고 살아 있는 걸까?

❶ 매일 운동하며 건강을 지켰다.

❷ 유기농 채소를 먹으며 관리를 했다.

❸ 뛰어난 재생 능력으로 세포를 되돌렸다.

❹ 잠을 많이 자서 에너지를 아꼈다.

정답 ❸ 뛰어난 재생 능력으로 세포를 되돌렸다.

그럼 세상 모든 해파리가 죽지 않고 살아나는 거야?

세상 모든 해파리가 죽지 않는 건 아니야. 해파리 중에서도 **'불멸'에 가까운 능력을 가진 종이 있는데, 바로 '홍해파리'야.** 보통 해파리들은 어린 시절 **폴립(바닥이나 다른 물체에 붙어 사는 것) 상태**였다가 작은 해파리에서 우산 모양을 한 어른 해파리가 되지. 보통의 해파리는 공격받거나 늙으면 죽지만, 홍해파리는 어린 시절로 돌아갈 수 있어.

홍해파리는 상처를 입거나 먹이가 부족해지면 점점 몸이 작아지고 결국 작은 공 모양의 세포 덩어리가 돼. 세포 덩어리는 깊은 물속에 가라앉아 바닥이나 바위에 붙어서 자라지. 세포 덩어리가 다시 어린 시절의 세포로 바뀌면, **해파리는 다시 폴립 상태로 돌아가고 이후 작은 해파리에서 어른 해파리가 돼.** 이를 반복해서 영원히 살아가는 '불멸의 해파리'라 불리는 거야!

불멸의 해파리는 어릴 때로 돌아가 다시 건강해지겠군!

영원히 살 수 있다니, 해파리는 정말 신기해!

꿀도감

놀라운 재생 능력을 가진

다양한 동물들을 소개할게!

우파루파

다리나 꼬리가 잘려도
다시 완벽하게 자라!

불가사리

잘려 나간 팔 조각에서 새로운
불가사리가 태어나기도 해~

플라나리아

몸이 여러 조각으로 나뉘어도
무한 재생되지!

게

튼튼한 다리가 잘려도
원래대로 회복할 수 있어!

꿀 관찰

불멸의 해파리, 성장 과정을 따라가 볼까?

스트레스를 받다

상처를 입거나 먹이가 부족해 스트레스를 받으면 어른 해파리는 어린 시절로 돌아갈 준비를 한다.

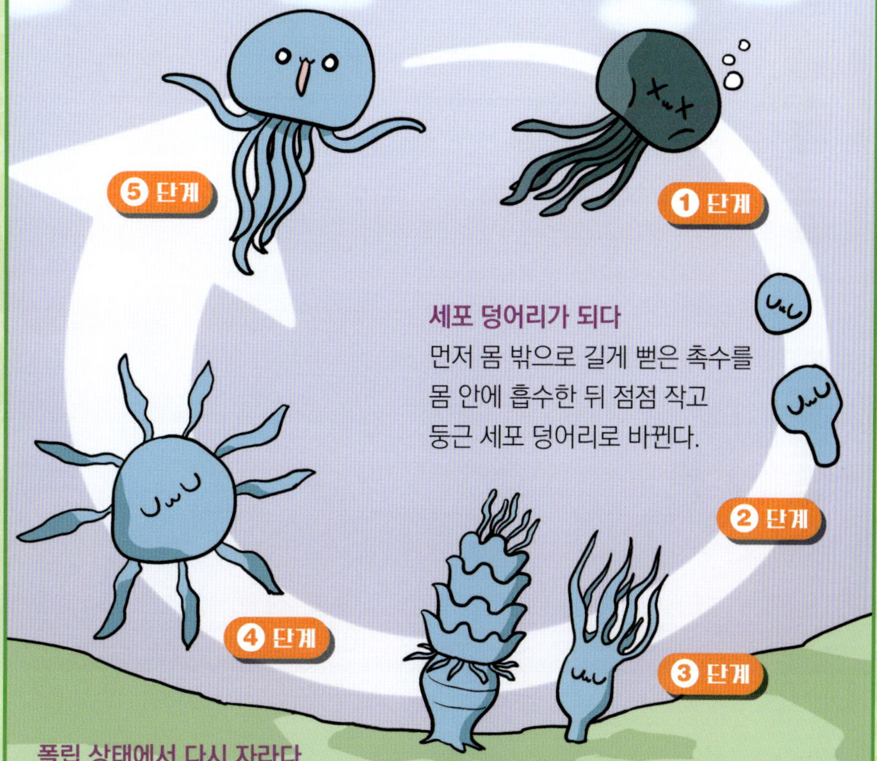

세포 덩어리가 되다

먼저 몸 밖으로 길게 뻗은 촉수를 몸 안에 흡수한 뒤 점점 작고 둥근 세포 덩어리로 바뀐다.

바닥에 붙는다

세포 덩어리는 바닷속으로 가라앉아 단단한 바위나 바닥에 붙어 폴립 상태가 된다. 이때 어른 세포가 어린 세포로 바뀌는 '교차분화'가 일어난다.

폴립 상태에서 다시 자라다

교차분화를 통해 폴립 상태가 된 해파리는 작은 해파리 모습이 될 때까지 성장한다.

새로운 해파리로 태어나다

폴립 상태에서 자라난 해파리는 우리가 잘 아는 우산 모양의 어른 해파리가 되어 바닷속을 헤엄친다.

순서 맞추기 카드

해마 부부가 새끼들을 낳을 수 있도록
해마의 러브 스토리를 순서에 맞게 숫자로 적어 보세요.

임신

산란과 수정

출산

구애

불멸의 해파리가 죽지 않고 다시 무한 부활할 수 있도록
해파리의 성장 과정을 순서에 맞게 숫자로 표시해 보세요.

정답은 130쪽에!

3장

기후 변화

홀릿과 친구들이 '지구 멸망 5분 전' 체험 전시관을 찾아왔어요. 과연 이들 앞에 펼쳐진 지구의 모습은? 지구 속 과학 상식도 함께 찾아봐요!

얼음땡! 365일 얼어붙은 땅에서
깨어난 그것은?

불타는 미래가 궁금해?
지옥 관광 GO!

곤충이 점령해 버린
특별한 호텔?!

쿠아앙~ 북극에서 만난
천방지축 트러블 메이커!

얼음땡! 365일 얼어붙은 땅에서 깨어난 그것은?

아무리 체험관이라지만
너무 춥긴 하네….
빙하기를 구현했나?
홀릿, 빨리
보고 나가자.
너무 춥다.
오들
오들
오들
오들
너는 펭귄이니까
당연히 안 춥지!
별로 춥지도
않은데~
엄살은!
으악!
그나저나 이거
진짜 얼음인가?
으으으…. 화내니까
더 추워졌어.
오들
오들
오들
쿵
쿵
체험관 얼음을
깨면 어떡해?!
헉…! 깨졌다!
쩌
억
얼음 밑에
뭔가가….
…응?
스륵…
크하하!
신선한 공기로군!
드디어 탈출이다!
쨍그랑

Why?

얼어붙은 땅 위에서 쿵쾅쿵쾅 뛰자, 무시무시한 것이 깨어났다! 그것의 정체는?

❶ 고생대에 살던 물고기다.

❷ 영구 동토층에 갇혀 있던 고대 바이러스다.

❸ 영구 동토층에 숨어 있던 외계 생명체다.

❹ 영구 동토층에서 새롭게 탄생한 생명체다.

정답 ❷ 영구 동토층에 갇혀 있던 고대 바이러스다.

'고대 바이러스'가 죽지 않고 어떻게 살아남았어?

영구 동토층은 오랜 시간 얼어 있는 땅을 말해. 겉은 흙 같아 보이지만, 속은 꽁꽁 얼어 있지. 영구 동토층에는 수천 년에서 수만 년 전에 존재했던 세균과 바이러스 같은 미생물이 갇혀 있어. 미생물들은 낮은 온도에서는 움직이지 않고 에너지를 축적하기 때문에 오랜 시간 살아남을 수 있었지.

그런데 최근 지구 온도가 높아지면서 영구 동토층이 빠르게 녹기 시작했어. 과학자들은 북극의 영구 동토층에서 수만 년 동안 잠들어 있던 미생물과 바이러스를 발견했대. 지금까지 발견된 고대 바이러스는 사람에게 피해를 주진 않지만, 앞으로 우리에게 해로울 수 있는 바이러스가 깨어날지도 몰라.

바이러스가 수만 년간 얼어 있었다면, 혹시 수만 년 전 고대 인류도 얼어 있는 거 아니야?

꿀지식

빙하기 때부터 존재했던 영구 동토층, 어떤 모습으로 변화 중일까?

영구 동토층 땅에 있는 물은 보통 흘러가거나 땅속으로 스며든다. 따뜻한 곳에서는 물이 흘러내리거나 증발해서 사라지지만, 추운 곳에서는 땅이 얼어서 물이 빠져나가지 못한다. 이렇게 갇힌 물이 얼어 얼음층이 되고, 이런 일이 아주 오랫동안 반복되면 흙보다 얼음이 더 많은 특별한 땅이 만들어지는데, 이를 '영구 동토층'이라고 한다.

불타는 미래가 궁금해?
지옥 관광 GO!

화륵…
화륵…
화륵…
여기서도 한번 방방 뛰어 보는 거 어때?
아무 데서나 방방 뛰는 건 공중도덕에 어긋난다고!
너희들! 장난치지 말고 불 끄는 걸 돕거라!
지구가 뜨거워져서 불이 좀처럼 꺼지질 않아!
물살이 셀 테니까 꽉 잡고 있어라!
불끄기 체험인가?
발사!
쏴아아
쏴아
우왓!
화악!
으아아아!
왜 안 꺼지는 거야!
오히려 더 거세게 불타잖아!
화륵…
화륵…

Why? 불타는 도시에 도착한 홀릿 일행, 지구가 계속 뜨거워지면 무슨 일이 벌어질까?

❶ 태양이 커져서 하늘을 꽉 채운다.

❷ 바닷물이 뜨거워져 물고기가 좋아한다.

❸ 산불이 더 자주, 더 크게 발생한다.

❹ 지구 안에 있는 마그마가 끓어올라 화산이 폭발한다.

정답 ❸ 산불이 더 자주, 더 크게 발생한다.

지구가 뜨거워지면 산불이 자주 발생한다고?

세계 곳곳에서 심각한 산불이 점점 더 자주 발생하고 있어. 우리나라는 2025년 봄에 대형 산불이 일어나 수많은 야생 동물이 피해를 입었고, 사람들은 집이 불에 타 터전을 잃었어. 호주, 캐나다에서도 최근 몇 년 동안 크고 작은 산불이 반복적으로 발생하고 있어.

이렇게 산불이 자주 발생하는 이유는 건조한 날씨 때문이야. **최근 기후 변화로 지구의 평균 기온이 올라가 고온 건조한 날씨가 계속되고 있어.** 날씨가 건조하면 식물이 바짝 말라 작은 불씨에도 불이 쉽게 붙고 빠르게 번지게 되거든.

또, 기후 변화 때문에 대기 흐름이 불규칙해지면서 강하고 건조한 바람이 더 자주 불고 있어. 이 강한 바람이 산불을 빠르게 퍼뜨리면서 피해를 키우기도 해.

꿀지식

기후 변화로 몸살을 앓고 있는 지구,
어떤 이상 기후가 생길까?

꿀팁

산불을 막기 위해서 우리가 할 수 있는 일!

1. 산에서 쓰레기나 농작물을 태우지 않기

2. 성묘할 때는 향이나 촛불을 사용하지 않기

3. 라이터, 촛불, 성냥 등 불씨가 될 물건은 챙기지 않기

4. 지정된 장소에서만 불을 사용하기

데드 엔딩을 피하기 위한

OX 퀴즈

내용이 맞다면 O, 틀리다면 X를 골라 주세요.
문제를 맞혀야 데드 엔딩을 피할 수 있어요!

1 영구 동토층은 주로 시베리아, 캐나다 북부, 알래스카 등에 있다?

O X

2 영구 동토층은 영원히 얼어붙어 있다?

O X

3

영구 동토층 속
미생물들은 낮은 온도에서
열심히 움직여서 살아남았다?

O X

4

지구의 기온이 올라가면
고온 건조한 날씨가 이어진다?

O X

5

기후 변화로 바닷물이 상승하면
사람들과 물고기들이 살기 좋아진다.

O X

정답은 131쪽에!

곤충이 점령해 버린 특별한 호텔?!

응?
달그락
달그락
샤샤샤샥…
꺄아아아악!
왜, 왜 그래?
접시 밑에서
벌레들이…!
사장님!
직원분!
누구
없어요?
네,
무슨 일이시죠?
다른 게 아니라
접시에서
벌레가….
둥…
벌레가 있는 게
뭐가 문제죠?

Why?

특별한 호텔에 도착한 홈릿 일행,
그런데 호텔 안이 온통 곤충투성이다.
무슨 일일까?

❶ 호텔 주인이 곤충 수집광이다.

❷ 오래된 호텔이라 관리가 안 되고 있었다.

❸ 곤충을 테마로 한 체험형 학습장이다.

❹ 아열대 기후로 곤충의 수가 늘어나 호텔을 뒤덮었다.

정답 ❹ 아열대 기후로 곤충의 수가 늘어나 호텔을 뒤덮었다.

아열대 기후가 무엇인데, 곤충이 도시를 점령해?

'아열대 기후'는 **덥고 습한 여름과 따뜻한 겨울이 있는 기후**야. 그래서 다양한 곤충들이 살고 번식하기에 아주 좋아. 최근 우리나라 도시의 기온이 높아져 암수가 붙어서 다니는 '러브버그(붉은등우단털파리)'가 급격히 늘어났어. 사람을 물거나 질병을 옮기지는 않지만, 사람들이 불쾌해하고 러브버그 사체에서 나오는 악취 때문에 불편해했어.

겨울이 따뜻해지면 추운 날씨에 죽던 곤충들이 살아남아 다음 해 봄과 여름에도 활동하면서 그 수가 더 많아지지. 또한, 도시의 기온이 높아지면 러브버그같이 아열대 지역에서 살던 다양한 곤충들이 더 많이 나타나서, 우리나라 곤충이나 생태계에 어떤 영향을 줄지 아무도 몰라.

우리나라 일부 지역도 아열대 기후가 되어 간다고? 정말 도시가 곤충으로 가득 차면 어떻게 해! 징그러워!!!

꿀지식

온대 기후인 우리나라가 아열대 기후로 바뀐다면?

21세기 한반도 아열대화 변화 전망

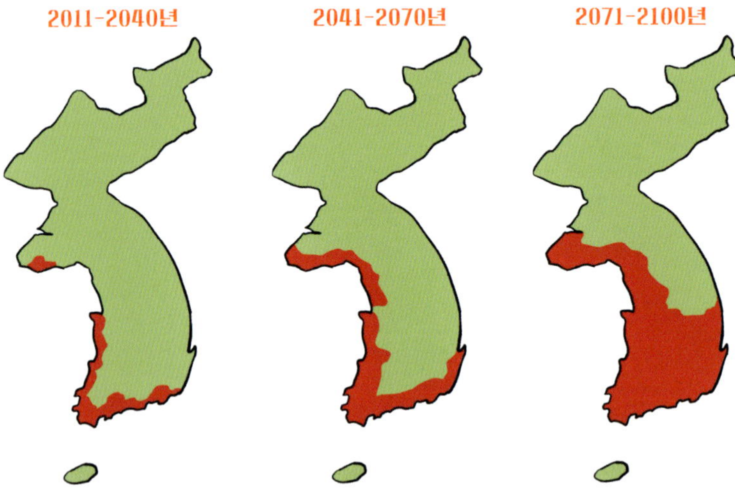

우리나라는 원래 봄, 여름, 가을, 겨울의 사계절이 뚜렷한 '온대 기후'야. 그런데 지금처럼 기온이 점점 높아진다면 우리나라도 아열대 기후로 변할 수도 있어.

아열대 기후로 바뀌면 우리 생활도 큰 변화가 생길 거야. 우리나라에서는 키우기 힘든 망고나 바나나, 파인애플 같은 열대·아열대 과일들을 키울 수 있어.

하지만 이런 변화가 꼭 좋은 건 아니야. 우리나라에서 흔히 볼 수 있었던 과일이나 생선 등을 더는 구하기 어려워질 수 있어. 그러면 우리 식탁의 모습이 크게 바뀌겠지.

꿀팁

벌레를 피하고 싶을 때 할 수 있는
우리의 대처 방법!

❶ 방충망의 구멍이나 창틀 틈새를 막는다.

❷ 어두운 옷을 입고 마스크를 쓴다.

❸ 분무기로 물을 뿌린다.

❹ 불빛이 새어 나가지 않도록 암막 커튼을 친다.

쿠아앙~ 북극에서 만난 천방지축 트러블 메이커!

틀린 사람은 제 꿀밤을
맞게 될 겁니다!
마, 맞힌
사람은요?
허리가 부서져라
힘껏 끌어안아
드립니다!
둘 다
엄청 아픈
거잖아요!
곰이라고 해서
다 같은 곰만 있는 건
아니지요?
그렇죠?
불곰,
반달가슴곰,
북극곰….
그럼 여기서
문제!
저는 과연
무슨 곰일까요?!
당연히 북극곰….
잠깐, 홀릿!
북극곰은 앞발과
뒷발에 저런 색의
털이 나지 않아!
불곰이라기엔
하얀데….
제한 시간 내 풀지 못하면
곰 발바닥 꿀밤 당첨!
어째서
이런
시련이!
크아악!
진짜 무슨
곰이지?

Why?

북극에서 이상한 곰과 마주친 홀릿 일행, 천방지축 트러블 메이커의 정체는?!

❶ 북극곰과 회색 곰 사이에서 태어난 새로운 곰이다.

❷ 먹이가 없어 초코맛 아이스크림을 먹다 흘린 북극곰이다.

❸ 위장 중인 스파이 곰이다.

❹ 계절이 변화하여 털갈이 중인 회색 곰이다.

정답 ❶ 북극곰과 회색 곰 사이에서 태어난 새로운 곰이다.

맞았다.

북극곰과 회색 곰 사이에서 태어난 새로운 곰이라고?

북극이 점점 더워지면서, 북극곰은 먹이를 찾기 어려워 남쪽으로 이동하고, 회색 곰은 북쪽으로 이동하고 있어. 서로 서식지가 겹치면서 **이 두 종 사이에서 '피즐리 곰' 또는 '그롤라 곰'이라는 새로운 잡종**이 태어났지.

곰뿐만 아니라 **벨루가와 일각돌고래 사이에서도 '나루가'라는 혼혈 고래**가 태어났어. 나루가는 부모의 장점인 이빨 구조를 물려받지 못해 자연환경에 잘 적응하지 못하고 어려움을 겪고 있어.

새로운 잡종이 생기면 북극 동물의 종이 다양해져 좋다고 생각할 수 있지만, 기존 종이 경쟁에서 밀려 개체 수가 줄어들거나 심하면 멸종할 수도 있대.

꿀지식

기후 변화 때문에 위기에 빠진

북극의 동물들

꿀팁

기후 변화를 막기 위해

우리가 할 수 있는 일!

1 일회용품 사용을 줄이고 분리배출 잘하기

2 가까운 거리는 자동차 대신 걷거나 대중교통을 이용하기

3 음식은 먹을 만큼만 덜어 먹기

4 양치질할 때 양치 컵을 사용하기

나만의 지구를 만드는

생각 놀이

우리가 사는 지구가 조금씩 아파하고 더러워지고 있다는 사실을 알고 있나요? 이제 여러분의 멋진 힘을 보여 줄 차례예요.

더러운 지구를 깨끗한 지구로!

먼저 더러워지거나 아픈 곳 없이 깨끗하고 건강한
지구의 모습을 상상해 보세요. 파란 바다, 초록 숲, 하얀 구름 등
내가 생각하는 가장 아름답고 깨끗한 지구의 모습을 생각한
다음, 깨끗한 지구를 위해 나는 무엇을 할지 적어 보세요.

지구를 위해 내가 할 수 있는 일

예) 일회용품 안 쓰기, 쓰레기 줍기, 물 아껴 쓰기 등

우리의 작은 실천이 소중한 지구를 지킬 수 있는
가장 좋은 방법인 것, 잊지 말아요!

4장

미스터리

우엉이는 우연히 오래된 사진첩을 발견했어요.
사진첩에는 미스터리한 사진이 가득!
미스터리 속 과학 상식도 함께 찾아봐요!

걷는 돌덩이?! 모아이 석상의 미스터리!

바다 위 삼각형,
버뮤다 삼각 지대의 진실!

텅 빈 배의 수수께끼,
메리 셀레스트호

체코 세드렉 성당의
특별한 비밀!

걷는 돌덩이?!
모아이 석상의
미스터리!
오늘은
미루고 미뤘던
다락방 청소 날이야!
빰
여기 쌓인
박스들 좀
정리하자!
너무 먼지가
많고, 좀
무서운데….
빨리
끝내자!
뒤적
뒤적

두
오?! 대박!
이게 뭐지?
둥…
사진첩
얘들아!
박스에서
엄청난 걸
찾았어!
엄청난 거?
뭔데?
사진첩
할아버지가
남기신 물건
아니야?
어린 시절 모습은
어땠을지….
근데 사람
사진은 하나도
없네?
할아버지가
고고학자셔서
유물이나 유적지만
찍으셨나….
잠깐!
!
이 사진 속
거인은 뭐야?
쿠
웅
지구에 거인이
어디 있어~
석상이겠지.
그럼 저 큰
돌덩이를
어떻게
저기까지
옮긴 거야?
맞아!
거중기도 없을
때라, 어떻게
옮겼지?
??
혹시…
밤마다 땅속에서 나와
움직였다가 다시
돌아가는 건 아닐까?

Why?

사진 속 거대한 석상을 발견한 홀릿 일행, 어째서 들판에 거대한 석상이 있는 걸까?

❶ 거대한 고릴라가 옮겨다 놓았다.

❷ 고대인들이 그 자리에 있던 돌을 직접 깎아서 만들었다.

❸ 외계인이 옮겨다 놓았다.

❹ 모아이 석상을 직접 걷게 해서 옮겼다.

유력한 주장 ❹ 모아이 석상을 직접 걷게 해서 옮겼다.

모아이 석상을 걷게 만들었다고?

이스터섬의 원주민 라파누이족은 채석장에서 모아이 석상을 만든 후 무려 약 18㎞나 떨어진 해안가까지 옮겨야 했어. 이때 **석상에 밧줄을 걸어 좌우에서 번갈아 잡아당기면서 모아이 석상을 뒤뚱뒤뚱 걷게 하여 앞으로 이동시켰대.** 뒤쪽에서는 밧줄로 중심을 잡아 한쪽으로 치우치지 않게 균형을 잡았어.

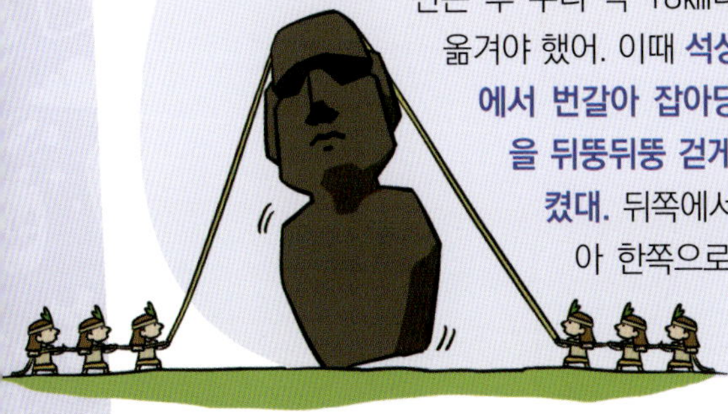

실제 과학자들이 이를 증명하기 위해 모아이 석상과 비슷한 크기와 무게의 모형을 만들어 이동시키는 실험을 했지. 단 18명의 사람이 40분 동안 석상을 약 100m 정도 이동시켰어!

복제품으로 이동시키는 데는 성공했지만, 실제 90톤에 달하는 거대한 석상을 세우거나 동일한 방식으로 옮기는 건 어렵다는 의견도 있어.

꿀지식

모아이 석상의 미스터리
진짜일까? 가짜일까?

모아이 석상

위치 남태평양 한가운데, 이스터섬

만들어진 시기 서기 1100~1600년 사이로 추정

높이 최고 20m

무게 평균 10~15톤, 최고 약 90톤

특징 대부분의 모아이 석상은 땅 위에 얼굴과 몸 일부만 드러내고 나머지는 땅에 묻혀 있다.

그런데 모아이 석상이 있는 이스터섬과 스톤헨지가 있는 영국은 서로 지구 반대편에 있어!
스톤헨지
위치 영국 잉글랜드의 솔즈베리 평원
만들어진 시기 약 4,500년 전으로 추정
높이 가장 큰 돌의 높이는 4~5m
무게 최고 50톤
특징 돌기둥을 동그랗게 세워 두었다. 돌 위에 가로로 돌을 얹어 균형을 잡은 독특한 구조다.
그래서 어떤 사람들은 거인의 몸통이 지구를 관통해 얼굴과 발가락까지 이어진 것이라고 말하기도 해. 하지만 스톤헨지는 지금으로부터 약 4,500년 전, 모아이 석상은 약 1,000년 전에 만들어진 것이라 그저 재미있는 이야기일 뿐이야. 어쨌든 그 먼 옛날에 기계도 없이 이 거대한 돌덩이들을 어떻게 옮긴 것인지는 정말 미스터리야!

바다 위 삼각형,
버뮤다 삼각 지대의
진실!
할아버지가 정말 희한한 사진을 많이 찍어 두셨네.
어… 이건?
둥…
우엉아, 그만 보고 청소해야지.
뭐 재미난 사진이라도 찾았어?
흠칫
헉! 바다 한가운데 비행기가 삼켜지고 있어!
삼켜져?
홀릿, 와서 봐!

이 삼각형 모양의 바다 어디서 본 거 같은데….
어쨌든 빨리 청소를….
혹시 바닷속 블랙홀?!
삼각김밥 괴물인가?
얘들아, 빨리 청소하고 사진 구경하자고오오….
가만, 이게 뭐지….
뭔가가 적혀 있어!
고고고고고…
Bermuda
버뮤다?!
전설의 버뮤다 삼각 지대?! 비행기가 배랑 빠지면 못 나온다는 그곳!
삼각 지대에 무슨 미스터리가 있는 걸까?
바다 괴물이 살고 있나?
둥…
자, 청소 안 끝내면… 내가 너희를 버뮤다 삼각 지대로 보내는 수가 있어!

바다 위 삼각형에 빠지면 못 나온다고? 버뮤다 삼각 지대에서 무슨 일이?

❶ 바다에 블랙홀이 있어 배가 빨려 들어갔다.

❷ 버뮤다 삼각 지대에 사는 유령이 배를 끌고 들어갔다.

❸ 바닷속 깊이 매장돼 있는 커다란 기포가 배를 침몰시켰다.

❹ 다른 차원으로 가는 시공간의 문이 열렸다.

유력한 주장 ❸ 바닷속 깊이 매장돼 있는 커다란 기포가 배를 침몰시켰다.

'기포'가 어떻게 배를 침몰시켜?

바닷속 아주 깊은 곳에는 **'메탄 하이드레이트'**라는 얼음처럼 생긴 신기한 물질이 숨어 있어. 일명 '불타는 얼음'이라고도 부르는데, **차가운 온도와 압력이 높은 바다 밑에서만 생기지**. 그런데 바닷물이 따뜻해지거나, 땅이 흔들리면 이 얼음이 '펑' 하고 녹으면서 엄청나게 많은 가스 방울들이 바닷속에서 올라와.

그 방울이 한꺼번에 올라오면 물속이 거품처럼 돼서, 그 위를 지나던 배가 풍덩 가라앉을 수도 있지. 어떤 사람들은 이 기포들이 하늘로 올라가서 비행기 엔진에 닿으면 펑! 하고 폭발할 수도 있다고 해.

하지만 메탄 기포가 그렇게 무시무시한 힘을 가진 건 아니야. 그곳은 원래 배와 비행기가 많이 지나다니는 곳이라, 사고가 발생할 확률도 높은 거지.

꿀지식

버뮤다 삼각 지대의

미스터리를 알아보자!

배와 비행기가 사라진 사건은 처음 있는 일이 아니야. 1840년에는 버뮤다 삼각 지대 근처에서 프랑스 배 한 척이 사라졌다가 나중에 다시 발견됐는데, 배 안에는 굶주린 동물들만 남아 있었고, 사람은 한 명도 없었대. 지난 100년 동안, 50척이 넘는 배와 20대가 넘는 비행기가 흔적도 없이 사라졌다는데, 이곳에서 사라진 사람들은 지금 어디에 있을까?

데드 엔딩을 피하기 위한

OX 퀴즈

내용이 맞다면 O, 틀리다면 X를 골라 주세요.
문제를 맞혀야 데드 엔딩을 피할 수 있어요!

1

과학자들은 모아이 석상과 비슷한 크기와 무게의 모형을 만들었고, 이 모형 석상을 18명의 사람들이 40분 동안 200m나 이동시켰다?

O X

2

모아이 석상이 있는 영국과 스톤헨지가 있는 이스터섬은 서로 지구 반대편에 위치해 있다?

O X

3

'불타는 얼음'이라 불리는
'메탄 하이드레이트'는 차가운 온도와
압력이 낮은 바다에서 생긴다?

O X

4

지난 100년 동안, 50척이 넘는 배와
20대가 넘는 비행기가 흔적도 없이 사라졌다고
알려진 곳은 '버뮤다 삼각 지대'다?

O X

5

바닷속 얼음이 '펑' 하고
녹으면서 많은 가스 방울들이 한꺼번에
올라오면 비행기나 배를 폭발시킬 수 있다?

O X

정답은 131쪽에!

텅 빈 배의 수수께끼, 메리 셀레스트호

진짜
멋지다!
오!
와!
근데 왜 이렇게
썰렁하지?
사람이
안 보여.
빈 배인가?
아니면 숨바꼭질 중?
귀신이 노 젓는 중?
히익!
아니면 배 안에서 해적
파티 중일수도!
해적 파티라고?
그건 더 무섭잖아!
여기 이름이
적혀 있어. 메리
셀레스트호?
어디서
들어 본 거
같은데….
메리 셀레스트호
유령선으로
유명한 그 배
아니야?!
쿠
궁…

Why? 메리 셀레스트호의 선원들은 왜 보이지 않을까?

❶ 가스 폭발 소리에 선원들이 급히 탈출했다.

❷ 배에는 처음부터 유령들이 타고 있었다.

❸ 바다 괴물이 나타나 선원들을 낚아채 갔다.

❹ 선원들이 UFO에 끌려갔다.

유력한 주장 ❶ 가스 폭발 소리에 선원들이 급히 탈출했다.

갑자기 배에서 가스가 폭발했다고?

당시 메리 셀레스트호에는 **'알코올'**이 가득 실려 있었대. 알코올이 들어 있는 통 중에 일부가 새서, 정전기나 작은 불꽃에 반응해 '펑!' 하고 큰 소리가 난 거지. 불은 나지 않았지만, 그 소리에 놀란 선장이 선원들에게 탈출하라고 한 거야. 모두 구명정을 타고 바다로 나갔지만 거센 파도에 휩쓸렸을 거라고 해.

하지만 나중에 과학자들이 실험을 해 봤더니, 알코올이 새어 나와도 불꽃은 생기지 않았고, 배가 터질 정도로 위험하지도 않았어. 그래서 이 가설도 완전히 맞다고는 할 수 없어.

메리 셀레스트호에서 무슨 일이 있었는지는 아무도 정확히 몰라.

꿀지식

메리 셀레스트호,
아무도 없이 혼자 운행하다?

메리 셀레스트호 1872년 11월 7일 뉴욕을 출발해 이탈리아 제노바로 항해 중인 메리 셀레스트호에는 10명의 사람들이 타고 있었다. 11월 25일, 아조레스 제도 근처 해역에 도달했다는 마지막 항해 기록이 선박 일지에 남아 있었지만, 열흘 후인 12월 5일 발견됐을 때는 배에 아무도 없었다.

체코 세드렉 성당의 특별한 비밀!

근데 이 해골 우리를 보고 있는 것 같지 않아?
갑자기 소름이 돋는 건 기분 탓이겠지?
샤샤삭
응? 방금 뭐가 지나간 것 같은데….
여기 글씨가 쓰여 있어. ‘memento mori’.
memento mori
그게 뭐야?
‘죽음을 기억하라’는 뜻 아니야?
콰릉
꺄아악!
천둥이라니!
저게 뭐지?
쩌적…
쩌저적…
깜박
깜박

Why? 사진 속 건물은 그냥 성당이 아니다?! 무시무시한 성당에 숨겨진 특별한 비밀은?

❶ 해골 귀신들이 파티를 하는 성당이다.

❷ 옛날 수도사들이 석고로 해골 모양을 조각하여 꾸민 성당이다.

❸ 실제 사람의 뼈를 소독해서 장식한 성당이다.

❹ 사람들을 겁주기 위해 만든 공포 명소이다.

유력한 주장 ❸ 실제로 사람의 뼈를 소독해서 장식한 성당이다.

사람 뼈라고?
어떻게 멀쩡히 유지되는 거야?

체코 세드렉 성당은 해골 성당으로 유명해. 성당 지하실은 **건조하고 햇빛이나 비바람의 영향을 적게 받아서 뼈가 쉽게 부패하지 않았대.** 성당을 꾸밀 장식품을 만들기 전, 해골과 뼈를 깨끗이 씻어 **표면에 붙어 있던 이물질들을 없애서** 미생물의 활동을 막은 것도 중요 이유야.

물에 석회 성분을 섞어 여러 겹 바르는 회칠 작업을 마치면 뼈가 단단해져! 그러면 구멍을 뚫거나 오랜 시간이 지나도 형태를 유지할 수 있지.

세월을 견딘 조각품이네!

꿀지식

성당에 해골이 가득한 이유,

그 비밀을 밝혀라!

체코 세드렉 성당 체코 쿠트나 호라에 위치한 성당으로, 수많은 사람들이 찾는 명소이다. 겉모습은 평범한 고딕 양식의 조용한 성당처럼 보이지만 안으로 들어서면 해골이 천장과 벽, 기둥을 가득 메우고 있다. 뼈와 해골에 구멍을 뚫고 나사나 철사로 연결해 장식품을 만들어 꾸며 놓았다.

정답

24-25쪽

38-39쪽

47쪽

기생충 때문에 외모가 바뀌는
동물을 소개할게!
열매 품은 개미
내 몸에 들어온 기생충이
내 배를 부풀리며 붉은
열매처럼 보이게 해.
무지갯빛 눈이 달린 달팽이
가생충이 내 눈자루에 들어가
알록달록한 줄무늬를 만들고
애벌레처럼 보이게 해.
혀가 움직이는 물고기
가생충이 혀에 달라붙어
내 피를 빨아먹고 혀를 작아지게
하더니 혀처럼 행동하더라니까?!
경비병이 된 무당벌레
내 몸속에 알을 낳고 자란
가생충이 내 배 밑에서
번데기를 만들어 버렸어.
46
루돌프 콧속에 있는
유충을 잡아라!
루돌프 콧속에 유충이 득실득실! 루돌프가
얼른 썰매를 끌 수 있도록 유충을 찾아내야 해!
루돌프 콧속에 있는 유충은 몇 마리일까?
정답은?
5 마리
휴, 드디어
다 찾았다! 루돌프 코가
좀 시원해졌으려나?
착한 일 했으니,
루돌프가 우리한테
특별한 선물을 주지
않을까?!
정답은 129쪽에!
47

53쪽

곤충 때문에 생김새가 바뀌는
식물을 소개할게!
황소뿔아카시아
가지에 속이 빈 가시를 만들어
개미가 살 집을 제공해.
참나무
나방 집을 만들어 주려고
잎을 돌돌 말아.
고추
곤충 때문에 얼룩덜룩
무늬가 잔뜩 생겼잖아!
귤나무
내 몸에 붙은 이 흰 솜털들은
벌레 때문에 생긴 거지,
곰팡이가 아니야!
식물을 괴롭히는 곤충도 있지만,
곤충과 식물은 사실 서로에게 꼭 필요한 존재야.
내게 우엉이와 망고빵꾼이 필요한 것처럼!
52
다음 4컷 만화를
순서대로 나열하라!
벌레혹이 생기는 사건 현장을 순서에 알맞게 되짚어 볼까?
❶ 혹파리 유충이 성장한다.
천적도 없고 영양도
많은 이곳이 최고야!
내 모습이 왜 이렇게
변한 건지 모르겠어!
❷ 혹파리가 식물의 줄기나 잎에
알을 낳는다.
애벌레들이
태어나기에
딱 좋은 곳이군!
❸ 벌레혹이 생긴다.
여기 정말
아늑해!
내 몸에 혹이
생겼어!
❹ 식물이 반응한다.
내 몸에서 뭔가가
자라나는 것 같아!
정답은?
2-4-3-1
정답은 129쪽에!
53

54-55쪽

데드 엔딩을 피하기 위한
OX 퀴즈
내용이 맞다면 O, 틀리다면 X를 골라 주세요.
문제를 맞혀야 데드 엔딩을 피할 수 있어요!
1 루돌프는 추운 지역에 사는 순록이다? O
2 루돌프의 코가 빨간 건 과식 때문이다? X
3 식물이 만든 벌레혹 안에서 애벌레는 무사히 자란다? O
4 식물은 자극을 받으면 스스로 빛을 낸다? X
5 식물에 벌레혹이 생기면 식물이 더 잘 자란다? X
정답은 130쪽에!
54
55

68-69쪽

순서 맞추기 카드
해마 부부가 새끼들을 낳을 수 있도록
해마의 러브 스토리를 순서에 맞게 숫자로 적어 보세요.
임신 3
산란과 수정 2
출산 4
구애 1
불멸의 해파리가 죽지 않고 다시 무한 부활할 수 있도록
해파리의 성장 과정을 순서에 맞게 숫자로 표시해 보세요.
어른 해파리 상태 5
작은 해파리 상태 4
스트레스 상태 1
세포 덩어리 상태 2
폴립 상태 3
정답은 130쪽에!
68
69

84-85쪽

데드 엔딩을 피하기 위한

OX 퀴즈

내용이 맞다면 O, 틀리다면 X를 골라 주세요.
문제를 맞혀야 데드 엔딩을 피할 수 있어요!

1 영구 동토층은 주로 시베리아, 캐나다 북부, 알래스카 등에 있다? O

2 영구 동토층은 영원히 얼어붙어 있다? X

3 영구 동토층 속 미생물들은 낮은 온도에서 열심히 움직여서 살아남았다? X

4 지구의 기온이 올라가면 고온 건조한 날씨가 이어진다? O

5 기후 변화로 바닷물이 상승하면 사람들과 물고기들이 살기 좋아진다. X

정답은 131쪽에!

84 85

114-115쪽

데드 엔딩을 피하기 위한

OX 퀴즈

내용이 맞다면 O, 틀리다면 X를 골라 주세요.
문제를 맞혀야 데드 엔딩을 피할 수 있어요!

1 과학자들은 모아이 석상과 비슷한 크기와 무게의 모형을 만들었고, 이 모형 석상을 18명의 사람들이 40분 동안 200m나 이동시켰다? X

2 모아이 석상이 있는 영국과 스톤헨지가 있는 이스터섬은 서로 지구 반대편에 위치해 있다? X

3 '불타는 얼음'이라 불리는 '메탄 하이드레이트'는 차가운 온도와 압력이 낮은 바다에서 생긴다? X

4 지난 100년 동안, 50척이 넘는 배와 20대가 넘는 비행기가 흔적도 없이 사라졌다고 알려진 곳은 '버뮤다 삼각 지대'다? O

5 바닷속 얼음이 '펑' 하고 녹으면서 많은 가스 방울들이 한꺼번에 올라오면 비행기나 배를 폭발시킬 수 있다? O

정답은 131쪽에!

114 115

자료 출처

90쪽 21세기 한반도 아열대화 변화 전망 _ 기상청

1판 1쇄 인쇄 2025년 12월 19일
1판 1쇄 발행 2025년 12월 30일

기획 홀릿 | **글** 양아영 | **만화** 두툰 | **감수** 이봉우

펴낸이 이필성, 차병곤
사업리드 김경림 | **기획개발** 김영주, 윤지윤, 이주영, 이윤지
영업마케팅 오하나, 김민경, 서승아, 문유지 | **디자인** 루기룸
홀릿매니지먼트 김찬기, 강차현

펴낸곳 ㈜샌드박스네트워크 샌드박스스토리 키즈
등록 2019년 9월 24일 제2021-000012호
주소 서울특별시 용산구 서빙고로 17, 29층(한강로3가)
홈페이지 www.sandbox.co.kr
메일 sandboxstory@sandbox.co.kr
전화 02-6324-2292

©홀릿. All Rights Reserved.

ISBN 979-11-92504-97-1
ISBN 979-11-92504-96-4 (세트)

* 샌드박스스토리 키즈는 ㈜샌드박스네트워크의 출판 브랜드입니다.
* 이 책은 저작권법에 의해 보호를 받는 저작물이므로 무단 전재와 복제를 금하며,
이 책 내용의 전부 또는 일부를 인용하려면 반드시 저작권자와
샌드박스스토리 키즈의 동의를 받아야 합니다.
* 잘못된 책은 구입한 곳에서 교환해 드립니다.

• 제조사명 : ㈜샌드박스네트워크
• 주소 : 서울특별시 용산구 서빙고로 17, 29층(한강로3가)
• 제조연월 : 2025년 12월
• 제조국명 : 대한민국
• 사용연령 : 3세 이상 어린이 제품